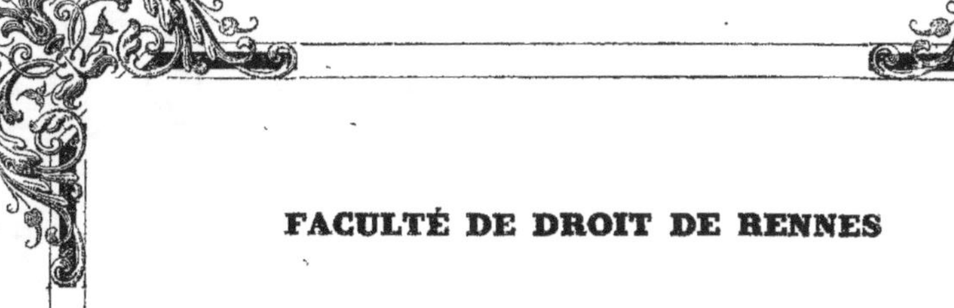

THÈSE

POUR

LA LICENCE

RENNES

IMPRIMERIE DE CH. CATEL ET C.

rue du Champ-Jacquet, 2.

UNIVERSITÉ DE FRANCE. — ACADÉMIE DE RENNES.

FACULTÉ DE DROIT.

THÈSE POUR LA LICENCE.

JUS ROMANUM

De usuris et fructibus. (Dig., lib. 22, tit. 1; Cod., lib. 4, tit. 32.)

DROIT FRANÇAIS

Du prêt à intérêt et des rentes perpétuelles. (Code Civil, 1905-1914, art. 530, art. 2263.)

Cette thèse sera soutenue le lundi **26** octobre **1874**, à deux heures du soir,

Par M. ARTUR (Émile-Marie-Gustave),

Né à **Tinténiac, le 22 février 1852.**

Examinateurs,

MM. BODIN, doyen; ÉON, DE CAQUERAY, professeurs; GUÉRARD, agrégé,
chargé de cours.

RENNES

IMPRIMERIE DE CHARLES CATEL ET Cie,
rue du Champ-Jacquet, 25.

1874

A MA FAMILLE.

—

A MES AMIS.

JUS ROMANUM

DE USURIS ET FRUCTIBUS

PROŒMIUM

Fructuum nomine continetur quidquid ex re nasci et renasci solet. Inde omnia corpore quodam producta fructus non sunt : duæ notæ illos distinguunt, scilicet iteratio et destinatio. Destinatio dicitur finis quem res e natura accepit. Ita in fructu non sunt ancillæ filii, verum autem ejus labor.

Aliquis ex ea notione fructus ex ipso corpore semper oriri credat : quædam tamen accessiones in fructu numerantur non ex re sed rei causa natæ, sicut usuræ pretiumve pro conducta domo. Hæ *fructus civiles* dicuntur, propter quod illas accessiones percipere sorte vel domo fruendi modus est, et earum perceptio sæpe eodem jure ac fructus uti videtur, ita de personis quibus accedit. Quum autem usurarum et fructuum acquisitio non omnino simili modo procedat, necesse est ut quamque variam tractemus : nunc de fructibus sermo est, mox de usuris disseremus.

I.

DE FRUCTIBUS.

De fructibus quærendum est cui accedant, quando et quomodo acquirantur.

1° *Cui accedant fructus.*

Fructus nascuntur eo momento quo a re producente cadunt. Quamdiu rei adhærent, fundi sunt; fundi vices sequuntur, cum illo translati, venditi, retenti, ita ut si nunquam a fundo caderent, eodem lapsu temporis atque ille usucaperentur. Si quis reivindicatione fundum petit, eadem actione fructus pendentes petit et acquirit. Fructus autem a fundo distracti nova res, nova juris substantia fiunt : cujus igitur in dominium veniunt?

Fructus modo domini, modo usufructuarii vel coloni vel emphyteutæ, modo possessoris, modo creditoris fiunt.

A. *Domini fructus fiunt.* — Dominium est jus aliqua re utendi, *fruendi*, abutendi; itaque dominus fructus acquirit, dummodo, illis cadentibus, rem possideat. Si unus rei dominium ex jure quiritium habet, alter autem eamdem numerat *in bonis*, cui forte res mancipi tradita est, qui rem habet in bonis fructus acquirit.

Num fructus ex jure quiritium hic adipiscatur, an solum in bonis habeat quidam petent. Si rei pars et fragmenta fructus sunt, idem jus ac de re, de fructibus constituetur; qui rem habet in bonis, fructus in bonis habebit : si vero fructus res nova et omnino distincta fiunt, novum et plenum dominium, dominium ex jure quiritium de illis comparabitur. Quid igitur sunt fructus? Nulla lex romana de hoc præcise respondit. Inde commentatores inter se contendunt. Certum est si res frugifera alicui hypothecæ sit, fructus non hypothecæ subjectos esse : « Fetus vel partus ejus rei quæ pignori data est, pignoris jure non tenetur, nisi hoc inter contrahentes convenerit » (1). Præterea « partum non esse partem furtivæ rei Scævola scribit » (2). Igitur quod res producit a jurisprudentibus non pars et fragmentum rei, sed novum corpus omnino distinctum habetur. Unde novum juris vinculum, hoc est, dominium ex jure quiritium de fructibus nasci apte inducemus.

B. *Fructus usufructuarii vel coloni fiunt.* — Dominus totum dominium, igitur quæque dominii elementa et commoda, igitur fructuum perceptionem alienare potest. Venditio, donatio, conductio, justa causa quædam super-

(1) Paul, Sent. II, 5, § 2.
(2) Ulp., Dig., *De verb. sign.*, loi 26.

venit; usufructuario, emphyteutæ, colono qui fructus percipiant dominus
rem tradit : illi sunt totidem personæ fructus acquirentes.

C. *Fructus possessoris bonæ fidei fiunt.* — Unus rem in dominio habet,
alter eamdem possidet : utri fructus accedent? Possessor bonæ fidei,
quamdiu dominus non apparet, « loco domini pene est, quod ad fructus
attinet » (1); eos adipiscitur. Non item est de malæ fidei possessore ad
quem fruges non pertinent.

Quid est bona fides? Possessor est bonæ fidei, quum ex justa causa possidet, si modo se verum rei dominum esse putet. Justa causa dicitur factum quod unius voluntatem alienandi, alterius mentem acquirendi demon-
strat : venditio, donatio, datio in solutum totidem sunt justæ causæ. Præterea oportet ut possessor se rei dominum esse persuasum habeat, hoc est
auctorem suum rei dominum fuisse credat. Si cognoverit venditorem non
esse dominum, quamvis ex justa causa, mala fide adeptus est et possidet.

De momento quo bonæ fidei esse oportebat Romani inter se disputave-
runt. Paulus bonam fidem necessariam esse dicit quotiescumque possessor fructus percipit : « Quæstio in eo est, utrum initium spectamus an
singula momenta; et magis est ut singula momenta spectemus » (2).
Julianus contra scribit : « Bonæ fidei emptor fructus suos facit quamdiu
evictus fundus non fuerit » (3). Pauli certe sententia superavit.

Nonne de fructibus ita acquisitis bonæ fidei possessor domino rem suam
vindicanti rationes edet? Nullas. Non solum fructus adipiscitur, sed etiam
suos facit; hoc est, dominus pro illis nullam mercedem reposcere potest.
Bonæ fidei possessor, aiebant jurisprudentes, lautius vixit; sumptus suos
accommodavit ad mercedes prædiorum. Et ita est de cunctis fructibus;
nihil refert num usucapi res possit necne. De tamen non consumptis jus
immutatum est : a Diocletiano fructus exstantes domino rem suam vindicanti reddendi fuerunt. Si quoque possessor de re impensas fecisset, quod
pro eis a domino debebatur cum fructibus perceptis et acquisitis compen-
sabatur : non intelliguntur fructus, nisi deductis impensis.

Observandum est bonæ fidei possessorem post litem contestatam instar
possessoris malæ fidei haberi et omnes fructus postea perceptos restituere
cogi.

(1) Dig., *De adq. rer. dom.*, loi 48 *princip.*
(2) Dig., *De adq. rer. dom.*, loi 23, § 1er.
(3) Dig., *De usuris*, loi 25, § 2.

Possessor pro herede non eodem jure utitur. Senatus-consultum a Jouventiano rogatum, Adriano imperatore, edixit ut fructus hereditatem a bonæ fidei possessore retentam augerent. Sic qui cum bona fide in jus universum et omnia bona alterius successit, si proximior heres advenit, cunctos fructus perceptos ei reddet; præter tamen fructus consumptos. Quum enim bona hereditatis solummodo in statu quo reperiuntur possessor debeat, mihi non apparet cur magis stricte de fructibus urgeretur.

D. *Creditoris denique fructus fiunt.* — Denique fructus creditoris fieri possunt : ita in condictione *causa data, causa non secuta.* Fundum Cornelianum pro fundo tuo Sempronio dare pactus, tibi fundum meum trado; tu dominus mei fundi factus, fundum Sempronium mihi tradere abnuis : post unum annum condictione causa data, causa non secuta, fundum meum repeto; omnes fructus quos interim perceperis mihi restituere cum fundo debebis. Et ita, quotiescumque rem cujus dominus fui repetam (condictione ob turpem causam, sine causa, etc...), omnes fructus ex traditionis die percepti mihi rem reposcenti. præstandi erunt. Si vero de re quæ mea nunquam fuit, creditor egero, fructus mihi modo ex die moræ, modo a litiscontestatione debebuntur : e mora in bonæ fidei actionibus; e litiscontestatione, in actionibus stricti juris. Unde fundum quem a te empsi, pretio soluto, ut mihi tradas denuntio; non tradis; actione *ex empto* traditionem persequor : cum fundo omnes fructus a die denuntiationis percepti restituendi sunt, actio ex empto est enim bonæ fidei actio. Sed te fundum quemdam mihi daturum spopondisti, — spondesne mihi dare hunc fundum? spondeo, — quamvis denuntiavissem ut cum tradas, solum e litiscontestatione facta fructus debebis.

2° *Quando et quomodo fructus acquirantur.*

De momento quo fructus acquiruntur, parva dicenda sunt. Eos dominus et omnes qui rem possident, possessor bonæ fidei, emphyteuta, statim ubi a solo separati sunt, acquirunt. Usufructuarius, colonus eos non acquirunt priusquam perceperint.

De modo acquisitionis commentatores in multas opiniones versantur.

Quidam a domino aliquid acquisitum esse negant : fructus rei frugiferæ pars est; una res erat, nunc duo sunt unius rei fragmenta; dominium non nascitur, persistit. Ex illa sententia qui rem in bonis haberet, fructus solum in bonis haberet; quæ rationes me in contrarium inclinent exposui. Si hujus sententiæ fautores sibi constiterint, bonæ fidei possessori nullos fructus præter quos usucapere potuit concedent; et tandem possessoris esse fructus certum est : « Statim ubi a solo separati sunt, bonæ fidei emptoris fiunt » (1). Denique una res erat, nunc duo, fundus et res mobilis : hæc acquiratur oportet.

Alii cogitant dominum et bonæ fidei possessorem accessione acquirere : *accessorium sequitur principale*. Illis solum respondebo accessionem esse rerum disjunctarum congregationem, et fructus a re discedere, nedum ei accedant. Deinde accessio Romæ factum, non jus habebatur, nec modus acquirendi dominii unquam fuit.

Existimant alii dominum et possessorem fruges occupare : fructus cadentes nullius sunt, dominus vel possessor eos per fundum possidunt, nec dominii animo indigent; possidere rem nullius cum animo dominii occupare est, ergo occupant. Ab illa doctrina non alienus essem, si malæ fidei possessor quoque fruges acquireret. Non enim mihi apparet quid impediat ne ille occupet : nonne possidet? nonne hæc possessio fruges complectitur, statim ut separati sunt? Quidam forte illum regulariter fruges adepturum dicent, lege vero malæ fidei causa impeditum : ego totam sententiam fallere credo; fur ipse occupatione res nullius adipiscitur, a fortiori malæ fidei possessor.

Dominus et bonæ fidei possessor fruges *vi legis* obtinent. Nusquam Romani hanc acquisitionem inter alios acquirendi dominii modos numerant; imo vidimus illam omnibus his modis non congruere. Nulla quoque lex, ut verum dicam, sic lata fuit : domini vel bonæ fidei possessoris fruges erunt. Sed ex more et jurisprudentia dominus et possessor hanc frugum acquisitionem hauserunt; itaque a lege hanc acquisitionem constitutam esse dicens valebo, præsertim si priores Romanorum leges ex moribus ortas esse cogitem. Jam non cogimur fruges nullius esse fingere, et quam facillime apparet cur malæ fidei possessor nunquam fructus obtinuerit; mos et jurisprudentia, ut opinor, malam fidem remunerare vel saltem tolerare non poterant.

Fructuarius, usuarius, colonus traditione fructus obtinent. Usquedum

(1) Dig., loi 48 *princip.*

percipiantur, domini sunt; quum percipiuntur, a domino ad fructuarium, colonumve transferuntur; et nunquam res nullius sunt.

Creditor eos ex æquo et bono habet, equidem adhuc lege.

———

II.

DE USURIS.

Usuræ sunt accessio quantitatis debitæ pro usu sortis præstanda. Qui sestertiis alienis utitur inde commodum recipit quod creditor utilitate rei suæ carens solvi reposcere poterit. Aliquando lex ipsa hoc pro usu sortis pretium debitori imposuit. Cæterum creditor, qui usuras sibi præstandas non stipulatus est, quandoque moram faciendo illis causam nascendi præbebit. Ergo *ex hominum voluntate, ex lege, ex mora* usuræ nascuntur : de quaque specie tractemus.

1° *De usuris ex conventione debitis.*

Usuræ non per se debentur, oportet eas in stipulationem deduci. Si tibi mutuos centum sestertios dedero, conventione aut saltem pacto opus erit ut mihi usuras cum sorte restituas. Hæc fœnoris obligatio, sicut omnis obligatio romana, e contractu orietur; aliquando quoque ex pacto contractui adjuncto; imo, nonnumquam ex nudo pacto, hoc est, solo consensu.

E contractu nascetur. Hic contractus *re* non intelligi potest. Contractus autem *litteris* habilis est qui usuras constituat. Tibi quinque sestertia tradens, addo : Spondes ne te mihi usuras centesimas (12 %) daturum? Spondeo. Sane debebuntur usuræ. Contractus litteris, minus aptus et frequens, adhiberi tandem poterit. Mille a te stipulatus, codice meo feram : expensum Mævio centum; tu referes : acceptum a Titio centum. Hos centum sestertios, qui mihi pro fœnore erunt, debebis.

E pactis adjectis nascetur. Pacta in continenti bonæ fidei contractibus adjecta actione ipsa contractus sancita valescunt. Sed plerumque propter mutuum, stipulationem, vel *litteris* contractum, omnes stricti juris contractus, fœnus obvenit; et pacta contractibus stricti juris adjecta nullam actionem, neque obligationem civilem pariunt. Quidam pactum stipulationi vel *litteris* contractui adjectum actione contractus munitum affirmant; sed hæc sententia argumento caret et juris romani notionibus non congruit. Hæc pacta adjecta obligationem modo naturalem pariunt.

In tribus speciebus usuræ ex nudo pacto præstandæ sunt : frumentum mutuo datum, credita a civitatibus pecunia, a Justiniano argentarii. Si quis frumentum, si civitas pecuniam, mutua tradiderint, si argentarii quocumque modo pretii creditores facti erint; ex nuda conventione, hoc est, solo consensu usuræ valide petentur.

Sic constitutæ usuræ legitimum intra modum consisti debent. Et primum hic modus determinatus sit necesse est; aliter nullæ debentur. Ab illa regula tamen excipiendi sunt argentarii quibus privilegium a Justiniano concessum est his verbis : « Si dumtaxat scriptum fuit, quod fœneratitium creditum extiterit, ex præsumptione ita celebretur exactio, quasi besses usuræ (8 %) expressis verbis nominatæ sint » (1).

Legitimus modus est centesima pars sortis in singulos menses (12 %); hæ sunt gravissimæ usuræ quæ peti possunt; non ex more sæpe urgebantur. Viri honesti sub semissibus usuris fœnerant (6 %) : quincunces levioribus (5 %) et trientes (4 %) minimis annumerantur. Justinianus Illustribus intra trientem, negotiatoribus intra bessem, cæteris intra semissem duntaxat exigere usuras permisit. Qui pecuniam agricolis fœnerantur trientem usuræ petent. (Nov. 32.)

In frugibus usuræ ultra legitimum modum permittuntur, quum ipsæ fruges mutuo datæ sunt; non vero de pecunia mutuo data, quamvis sors in frugibus debeatur. De ipsis frugibus jus immutatum est.

Pœnam pro usuris stipulari nemo supra modum usurarum licitum potest. (Loi 44, Mod., liv. 10, Pand.)

Si ultra legitimum modum usuræ stipulatæ sunt, intra legitimum modum stipulatio valebit. Multo magis debebitur sors (Nov. 32, 34). Mutuo tamen agricolis dato, immodicæ usuræ si petuntur, omne creditum cadit. Si illæ quæ excedunt usuræ solutæ fuerunt, repetentur, aut in sortem nondum solutam imputabuntur.

(1) Nov. 136, cap. 5.

Hunc intra modum usuræ promissæ ex die conventionis, nisi certa die aut conditione promissæ sint, debentur.

Currunt in eum usque diem quo creditori solutum est aut ipse sibi solvit. Omnes causæ petitionem sortis excludentes ne usuræ petantur impediunt : ita exceptio triginta et quadraginta annorum creditum omne et fœnus simul liberat. Præterea sistuntur usuræ quum sortem duplicare cœperint.

2° *De usuris citra conventionem debitis.*

Quædam ex mora debentur, quædam citra moram ex natura contractus vel privilegio creditoris.

1° De ex mora debitis.

In bonæ fidei contractibus, quum usuræ non ex obligatione promissæ sunt, si creditor debitori moram facit, quum sese solvi expeterit, ex hoc momento usuræ currunt. Idem in legatis et fideicommissis. Idem de pecunia debita reipublicæ ex causa pollicitationis ob honorem decretum aliamve justam causam observandum est.

Fiscus excipiendus est, qui nunquam usuras debet; quum autem in locum privati successit, dare solet.

In stricti juris judiciis non ex mora debentur usuræ, nec, ex die litiscontestationis, ut opinor. Nullo enim textu probari potest eas tum currere. Paulus quidem alicubi scripsit : *lite contestata usuræ currunt;* hæc autem verba de usuris ex conventione debitis intelligenda sunt. Die litiscontestationis novatio fit, prior obligatio evanescit, altera surgit. Hæc posterior posset accessionibus quæ priorem sequebantur carere; sicque facile intelligetur cur Paulus de his usuris dixerit : lite contestata usuræ currunt.

2° De ex natura contractus vel privilegio creditoris debitis.

Nonnullæ sunt bonæ fidei actiones in quibus ex natura contractus seu causæ ex qua debetur, usuræ obtinentur. Inter quas actionem *pro socio* ponam : socius socii creditor fit, sive pecuniam suam pro societate præbuerit, sive culpa debitor erga socios adstrictus erit; statim ubi obligatio intervenit, usuræ currere incipiunt.

Debentur quoque citra conventionem usuræ ejus pecuniæ quam tutor pupillo debet. Tutor pupillo rationes edens erga hunc debitor mille sestertium factus est : a tutelæ ratione, hóc est ab obligatione nata usuræ præstandæ erunt.

Venditori pretii usuræ citra moram debentur ex quo res tradita est. Ego tibi venditum fundum trado, nec ullas usuras stipulor, usuræ tamen ex traditione currunt. Forte Romani æstimaverunt fruges aut saltem usum rei traditæ pro usuris acquiri et illis causam præbere. Non autem sine contractu fœnus obtineretur priusquam is qui pretium pro re debet eam rem accepisset.

Fiscus qui usuras nunquam debet, eas tamen recipit; imo privilegium habet de usuris, nec solum quum ipse contraxit, sed ex quo in jus alterius successit. Vice versa is qui in locum fisci successit, ex eo tempore jure communi utitur, nec usuras, nisi ex conventione aut obligatione, acquirit.

3° *Aliquot regulæ communes.*

Omnes usuræ citra conventionem debitæ quemdam intra modum consisti quoque debent. Ex privilegio fisci debitæ semisses. Usurarum ex mora debitarum vel ex natura contractus citra moram modus diu definitus non est. Papinianus docet eas ex more regionis ubi contractum erit constitui posse, dummodo legitimus modus non excedatur. Justinianus eumdem modum atque de usuris ex conventione debitis definivit semper observari voluit.

Hæ usuræ non ex nova obligatione, sed ex solo judicis officio apud quem de sorte agitur debentur. Itaque si judex omiserit debitorem in has usuras condemnare, nullæ reposcentur : « Pretii sorte licet post moram soluta usuræ peti non possunt, cum hæ non sint in obligatione, sed ex officio judicis præstentur. » (Loi 49, § 1, Pand., *De act. empti.*)

Post latam sententiam usuræ tantum peti possunt ex causa judicati, et ex illa causa debitæ non currunt priusquam tempus quod reis condemnatis ad exsequendum concessum est elapsum sit, hoc est priusquam triginta dies numerentur.

DROIT FRANÇAIS

Du Prêt à intérêt et des Rentes perpétuelles.

I.

DU PRÊT A INTÉRÊT.

CHAPITRE I.

NATURE ET LÉGITIMITÉ DU PRÊT A INTÉRÊT.

Quelques esprits s'étonneront, sans doute, d'entendre discuter la dénomination même de prêt à intérêt; elle est pourtant discutable. Mais ce nom a été consacré par les siècles! Oui. Il a été admis sans contestation par le Code Civil! Oui. Le contrat a toujours été rapporté au prêt et classé avec lui! Je l'avoue. Et les siècles, le Code Civil, les jurisconsultes se seraient trompés! Peut-être.

D'abord, le nom de prêt à intérêt n'a pas toujours existé. A Rome, le prêt ordinaire s'appelait *mutuum*, le prêt à intérêt *fœnus*. Aujourd'hui même, ce titre de prêt à intérêt n'existe pas tout seul, il a un nom rival et qui menace de l'effacer : à mesure que les idées économiques progressent, le langage ordinaire se fait à appeler *loyer des capitaux* l'acte de livrer son argent à titre onéreux à son voisin. Des esprits avancés vont jusqu'à dire que le prêt à intérêt n'est qu'un louage, qu'il diffère sur des points essentiels du prêt ordinaire. Isolons-nous des précédents et des préjugés, analysons sévèrement le contrat, et voyons ce qu'il y a de vrai ou de faux dans ces prétentions.

Que l'on stipule ou non des intérêts, le contrat n'en est pas moins *réel;* à ce point de vue, le prêt à intérêt se rapproche du prêt ordinaire. L'obligation qui résulte essentiellement des deux opérations est en effet celle de rendre le capital; elle ne naît qu'au moment où le capital est fourni. — Les deux contrats aussi sont unilatéraux : l'emprunteur s'oblige bien à rendre dans un cas et dans l'autre, à prester en outre les intérêts; le prêteur n'est point obligé; il s'est bien interdit de réclamer le capital prêté, il est obligé à respecter la convention, mais c'est plutôt l'absence d'un droit qu'une obligation. — La situation de l'emprunteur est dans les deux cas la même, sauf l'obligation surajoutée de payer les intérêts; dans les deux cas aussi la propriété est transportée au débiteur.

Voilà autant de rapprochements avec le prêt, et nous sommes bien loin du louage, paraît-il. L'esprit se porte naturellement vers le louage des choses non fongibles : le prêt à intérêt est réel, unilatéral, entraîne translation de propriété; le louage est consensuel, synallagmatique, ne porte que sur l'usage. Je ne nie rien : si c'était là le prêt et le louage, il faudrait renoncer à les assimiler. Mais prenez garde qu'au lieu de raisonner sur le type général du louage, vous établissez la comparaison avec une de ses espèces, vous condamnant ainsi d'avance à obtenir un résultat faux. En soi, le louage est la concession temporaire, à titre onéreux, de l'usage ou de la jouissance d'une chose. Le locateur est un homme qui transmet une jouissance à titre onéreux; le locataire un homme qui reçoit cette jouissance et la paie. Toute chose dont on peut céder la jouissance peut être louée. Le louage peut avoir deux sortes d'objets : les choses fongibles et les choses non fongibles. Dans les choses non fongibles, l'usage se distingue si nettement de la propriété, qu'on peut garder celle-ci tout en abandonnant celui-là, et que le contrat, portant exclusivement sur la jouissance, constitue un louage indéniable. Dans les choses fongibles, l'*usus* et l'*abusus* ne peuvent se séparer, l'un entraîne l'autre; par exemple, si je veux vous céder l'*usus* de 1,000 fr., je vous confère par là même le droit de les dépenser : s'ensuit-il que l'*usus* des choses fongibles ne puisse pas, dans l'intention des parties, faire l'objet direct, principal et unique d'un contrat? La conséquence serait des plus fausses. Pour ne pas se séparer matériellement, l'*usus* et l'*abusus* ne résistent point à une analyse intellectuelle; les parties sauront parfaitement les distinguer dans leur pensée et leur traité, elles diront : L'usage des 1,000 fr. est ce que je veux céder, l'usage est ce que je veux acquérir, l'usage est ce que je paie avec les intérêts; la propriété des pièces d'argent se déplace par voie de conséquence et pendant le temps seulement que l'usage est transféré, aussi n'est-ce point cette propriété qui règle. le prix du marché.

Ce raisonnement n'est point une subtilité. Interrogez plutôt le prêteur : s'est-il appauvri ou dépouillé d'une propriété quelconque? Il compte dans le plus clair de sa fortune cet argent qu'il a placé, c'est son capital de réserve, ce qui représente ses gains, son économie et sa richesse. L'emprunteur non plus ne fera point figurer dans son patrimoine les capitaux dont il sait trop bien qu'il n'est que le détenteur. Le langage ordinaire lui-même ne vous crie-t-il pas que l'argent n'est vendu ni donné, mais prêté à intérêt? Aussi le plus borné sait faire cette distinction de l'*usus* et de l'*abusus* en regardant le premier comme l'objet unique du contrat; pas un capitaliste ne prêterait son argent s'il en était autrement. Et je conclus que prêter à intérêt, c'est céder à titre onéreux l'usage de son argent, c'est faire un louage.

Que deviennent dès lors les prétendus rapprochements ci-dessus avec le prêt? La réalité du contrat s'explique, puisque l'usage ne sera acquis que quand la propriété sera transférée; la convention était une promesse, la remise de la chose consomme le louage. Il apparait à tous aussi pourquoi le locateur d'un capital n'est point obligé de faire jouir, pourquoi le locataire supporte les risques de l'argent fourni, en un mot, pourquoi le louage est unilatéral : ces conséquences secondaires, qui tiennent au caractère fongible de l'objet loué, n'altèrent point l'essence du contrat. Il apparait à tous, enfin, que les intérêts stipulés répondent absolument aux fermages d'une maison ou d'un champ, et je me demande quel autre caractère on pourrait bien leur donner.

Il est impossible de leur en donner un autre, et j'y trouve, en même temps qu'une ressemblance absolue avec le louage, une différence *essentielle* entre le prêt à intérêt et le prêt ordinaire : celui-ci est *essentiellement gratuit*, l'autre est *essentiellement onéreux*. Voici ma pensée.

Le Code fait du commodat un contrat essentiellement gratuit, un salaire quelconque le convertit en louage; le prêt de consommation, lui, ne serait

gratuit que de sa nature : d'où vient cette différence! Le Code, faute de
faire la distinction exposée plus haut, ne pensa pas à transformer en louage
le prêt de consommation; il voulait pourtant permettre de stipuler des intérêts; il réunit le tout et mit cette convention, assurément aussi onéreuse
qu'aucune autre, dans le chapitre d'un contrat gratuit! Car le prêt est,
avant tout, un contrat de bienfaisance; il change de nature, si ce caractère
disparaît. « La jurisprudence, dit M. Troplong, ne déclasse pas le contrat
de prêt quand il a été mêlé d'une vue secondaire d'utilité : par cela seul
que l'utilité n'est pas le but primitif, principal, le contrat reste dépendant
de la catégorie des contrats de bienfaisance » (1). M. Troplong, si on le
laissait faire, voudrait bien s'abuser et justifier le Code par cette distinction. Mais lui-même oserait-il soutenir qu'il n'y a qu'une vue secondaire
d'utilité dans le prêt à intérêt? C'est l'utilité qui est d'abord consultée;
disons mieux, le prêteur ne consulte que cela : il prêtera à qui lui offrira
le plus, à un inconnu solvable, s'il donne plus qu'un autre. Le contrat
n'est plus un service rendu, les intérêts sont un véritable prix; dans la
pensée des parties, du prêteur en particulier, ils sont le dédommagement
complet du sacrifice qu'il fait. M. Troplong voudrait pourtant que le prêt à
intérêt restât un prêt; le Code l'a voulu. Mais la logique le pousse à son
insu, et il ajoute plus loin : « La stipulation d'un intérêt opère dans le
prêt de consommation ce que le prix opère dans le commodat : il le *trans-
forme*, il lui enlève le cachet de la gratuité, il le fait passer dans la classe
des contrats commutatifs » (2). Le mot louage y serait, l'aveu ne devien-
drait pas plus formel. Comment M. Troplong continue-t-il cependant à
tenir pour la doctrine du Code? Comment le Code lui-même?... Ils avaient
fait la moitié du chemin!

Cette réunion du prêt et des intérêts, monstrueuse pour ceux qui n'y
voient pas une transformation en louage (sauf pour le Code et pour
M. Troplong), révoltait les philosophes de l'antiquité et les docteurs de
l'Église. Elle leur paraissait un adultère; ils appelaient cela allier les con-
tradictoires. La logique commandait, en effet, de respecter la gratuité du
contrat ou d'aller jusqu'au louage. Les Pères de l'Église surtout, gardiens
toujours attentifs de la morale publique, virent dans les stipulations d'intérêt l'égoïsme humain se substituant à la charité, corrompant le carac-

(1) *Du Prêt*, art. 1874, n° 3.
(2) *Du Prêt*, art. 1905, n° 331.

tère de bienfaisance du prêt, changeant en oppression les bienfaits de la richesse : ils foudroyèrent cette combinaison, la proclamèrent illégitime et la défendirent au nom de l'Église. Celle-ci pourtant évita de se prononcer, il n'y eut jamais que des opinions individuelles sur la question. Mais les Pères, croyait-on, étaient fondés en droit, l'effrayant tableau des maux de l'usure à cette époque leur donnait raison : les gouvernements les suivirent. Ils proscrivirent le prêt à intérêt qui avait été admis à Rome, en Grèce, chez les Juifs même, sinon dans leurs rapports entre eux, du moins vis-à-vis des étrangers. Plus tard, la philosophie se rangea à la légitimité du contrat. Les théologiens tinrent plus longtemps, ils ne pouvaient se résoudre à abandonner ce précepte de charité, si beau en effet et si capable de passionner : *mutuum date, nihil inde sperantes;* ils voulurent le défendre en droit; placés sur un terrain faux, ils eurent recours à des arguments aussi mauvais que bizarres, qu'on n'éprouve aucune peine à leur pardonner en faveur de la noblesse de leur but. Que ne remarquaient-ils que l'usage des choses fongibles aussi bien que des autres peut fournir matière à un contrat! Ils reconnaissaient le louage des immeubles, ils auraient reconnu ce louage nouveau. C'est ce qu'ils font aujourd'hui, ce que la Cour de Rome fait; c'est ce que les gouvernements ont fait aussi. Le prêt à intérêt a été admis dans notre législation le 12 octobre 1789. L'Église et la loi, espérons-le, ne cesseront point de se donner la main (1).

La nature du prêt à intérêt reconnue, nous étudierons ses formes, puis nous nous occuperons spécialement des intérêts. Dans ce dernier chapitre rentreront les questions du taux, de l'usure et de la liberté de l'intérêt.

---

(1) Rome, mise en demeure à plusieurs reprises de se prononcer sur le sort qui devait en pratique être fait au prêt à intérêt dans l'état actuel de la législation, a répondu le 3 juillet 1822, le 18 août 1830, le 16 septembre 1830, qu'il ne fallait pas inquiéter les prêteurs et leurs partisans : « *Non esse inquietandos, quoadusque Sancta Sedes definitivam decisionem emiserit, cui parati sint se subjicere.* » Mgr Bouvier, dans son *Traité de Théologie*, après avoir présenté l'opinion qui interdit le prêt comme plus probable et plus sûre, ajoute : « *Adversam non possumus condemnare ut doctrinæ catholicæ contrariam.* » J'ai usé librement du libre droit de discussion; le jour où ce droit me serait enlevé, je saurais tirer un trait de plume sur mon argumentation et m'incliner en enfant docile : *paratus me subjicere.*

CHAPITRE II.

FORMES DU PRÊT A INTÉRÊT.

Nous savons que le prêt à intérêt est un contrat réel; il exige pour existe remise de la chose; jusque-là il n'y a qu'une promesse de prêt, l'obligation de rendre la chose n'est pas née pour l'emprunteur. L'objet du prêt peut d'ailleurs être une somme d'argent, des denrées ou autres choses mobilières fongibles.

La stipulation d'intérêts doit être expresse et formelle, parce que, dit M. Troplong, elle est une altération du prêt simple. De nombreux arrêts ont consacré cette exigence (1). Non pas que les parties doivent se servir de termes sacramentels; il suffit que la stipulation soit claire et nette.

Le taux de l'intérêt conventionnel doit être fixé par écrit, même quand il s'agit d'une somme moindre que 150 fr. (art. 1907). En cela, il ressemble au louage, à la transaction, à l'antichrèse. Je ferai remarquer cette nouvelle analogie avec le louage. Le législateur qui édictait cette règle dans un moment où l'intérêt n'était point limité, avait bien pour but d'arrêter les usuriers, en alarmant leur pudeur par cette vaine formalité, mais il ne pouvait guère s'abuser sur la faiblesse de son moyen; peut-être aussi voulait-il, comme dans le louage, prévenir par là de nombreux procès. Je n'hésiterais pas à permettre de prouver le taux de l'intérêt par l'aveu de la partie, le serment, l'interrogatoire sur faits et articles. Il en est ainsi pour le louage, et l'art. 1907, en exigeant un écrit, ne peut avoir d'autre portée que de prohiber la preuve testimoniale, ainsi que le serment supplétoire et les présomptions de l'homme, qui suivent toujours le sort de la précédente. Les dérogations au droit commun ne peuvent d'ailleurs s'étendre.

Le fait par l'emprunteur de payer des intérêts doit avoir au moins la force d'un aveu; il ne pourra les répéter ni les imputer sur le capital sous prétexte qu'ils n'ont été stipulés que verbalement, ou même qu'ils n'ont pas été stipulés du tout : l'art. 1906 serait, à ce dernier cas, l'applica-

---

(1) Agen, 19 juin 1824; Bordeaux, 2 mai 1826; Bourges, 25 avril 1826; Bourges, 11 juin 1825.

3

tion de ce principe que l'on ne peut exercer la *condictio indebiti* quand on a rempli une obligation naturelle. Il est possible, en effet, qu'une obligation naturelle soit contractée. Je vous fais un prêt de 1,000 fr.; entre nous il n'y a aucune liaison bien étroite, aucun motif particulier de bienfaisance; je vous livre l'argent sans stipuler d'intérêts; je ne pourrai, sous prétexte que l'on ne donne point ainsi son bien, qu'il y a une convention tacite d'intérêts, que vous avez parfaitement entendu faire une opération à titre onéreux, que ce serait de ma part une bizarrerie inexplicable de vous avoir ainsi gratifié, je ne pourrai en aucune façon vous actionner pour me payer des intérêts; mais si vous m'en payez volontairement, ils seront valablement payés, et vous auriez mauvaise grâce à vous repentir d'avoir agi avec cette bonne foi.

Le paiement volontaire des intérêts fait même présumer qu'ils ont été stipulés, et vous ne pourriez vous dispenser de continuer à les payer qu'en prouvant l'absence de toute convention formelle à cet égard.

Le fait aussi par le prêteur de donner quittance pure et simple du capital, sans réserve des intérêts, ferait présumer le paiement de ceux-ci et en opèrerait la libération (art. 1908). Cette présomption est tout à fait conforme à ce qui se passe ordinairement; les intérêts se paient toujours avant le capital, et le prêteur a bien soin d'imputer les paiements dans cet ordre.

L'intérêt est légal ou conventionnel. Si des parties ont stipulé des intérêts sans en fixer le taux, référez-vous-en au taux légal.

CHAPITRE III.

DES INTÉRÊTS.

La première chose à étudier ici, c'est le le taux de l'intérêt; nous nous occuperons ensuite de l'usure et de ses conséquences, c'est-à-dire de la sanction du taux de l'intérêt; dans un troisième paragraphe nous toucherons la question de la liberté du prêt à intérêt, ou de la légitimité du taux de l'intérêt.

§ 1.

Du taux de l'intérêt.

Le Code Civil ne fixa point ce taux. La grande question de la liberté de l'intérêt agitait déjà les esprits; une lutte s'engagea sur ce point, l'issue demeura douteuse : l'art. 1907 évitait de se prononcer et réservait la solution : « L'intérêt conventionnel peut excéder celui de la loi toutes les fois que la loi ne le prohibe pas ». Cette prohibition existait-elle? On le prétendit, on le nia; la jurisprudence varia. Une loi des 3-12 octobre 1789 permettait « de prêter l'argent avec stipulation d'intérêt, suivant le taux déterminé par la loi »; une loi du 23 juillet 1796, sur les transactions entre les citoyens, porta que « chaque citoyen serait libre de contracter comme bon lui semblerait ». J'indique seulement cette situation provisoire en observant qu'une loi générale, pas plus en 1796 qu'aujourd'hui, n'a pu abroger une disposition d'une nature toute spéciale comme celle de 1789.

Une loi formelle sur la matière vint clore toute discussion. Le temps avait passé des luttes stériles et des solutions douteuses : Napoléon était pour la limitation de l'intérêt; l'intérêt fût limité. Les jurisconsultes et les économistes eurent à étudier, commenter, discuter une nouvelle loi, la loi du 3 octobre 1807 *sur le taux de l'intérêt de l'argent*. Nous l'analyserons à notre tour.

L'art. 1er fixe l'intérêt conventionnel à 5 °/₀ en matière civile, 6 °/₀ en matière commerciale, le tout sans retenue. L'art. 2 fixe l'intérêt légal à 5 °/₀ en matière civile, 6 °/₀ en matière commerciale, également sans retenue. L'intérêt conventionnel ne peut donc excéder celui de la loi : ainsi est résolue la question réservée par l'art. 1907.

Les intérêts seront payés *sans retenue*. Autrefois, les emprunteurs, ou plutôt les débiteurs de rentes étaient soumis à un impôt vis-à-vis de l'État. Ils retenaient habituellement sur les arrérages le montant de cet impôt; l'usage avait consacré à leur profit un droit de retenue; c'est ce droit qui est proscrit par la nouvelle loi.

Le taux varie des matières commerciales aux matières civiles : distinction des plus rationnelles, le commerce ayant pour but et pour effet, par la situation qu'il fait aux capitaux, de leur imprimer une activité et une puissance de production spéciales; les risques y sont d'ailleurs plus grands. Mais comment distinguer le prêt commercial du prêt civil?

Si la somme prêtée est destinée à une opération commerciale, il n'y a pas de doute possible : les capitaux entrent dans le commerce, c'est le cas ou jamais de faire payer 6 %.

Si l'on envisage la qualité des parties contractantes, le prêt fait par un commerçant à un commerçant rentre évidemment dans le taux de 6 %. — Le prêt fait par un commerçant à un non-commerçant pourra également atteindre le même chiffre. *Plus valet pecunia mercatoris quam non mercatoris.* Les fonds aliénés pourraient rapporter 6 au moins; si vous ne permettez pas de les prêter au chiffre de leur rapport minimum, vous éloignerez les capitaux du commerce des opérations civiles, ce qui serait un résultat désastreux. — Le prêt fait par un non-commerçant à un commerçant est encore un prêt en matière commerciale. Les capitaux entrant dans le commerce rapporteront 6 au moins; les risques de l'argent sont autrement grands qu'en matière civile. Ajoutons que dans l'ancien droit tout prêt fait à un commerçant était désigné sous le nom de prêt de commerce (Pothier, n° 68).

Le taux de 5 % n'est obligatoire qu'entre non-commerçants, et encore faut-il que le prêt n'ait pas rapport à une opération commerciale.

L'escompte tombe-t-il sous la limitation de la loi de 1807? La jurisprudence ne le pense pas et permet l'escompte au delà de 6 %. Cette solution est discutée en doctrine : les uns assimilent l'escompte au prêt, n'y voient que des différences de forme et appliquent au premier le même taux qu'au second; d'autres font de l'escompte un achat de créance; on achète au prix qu'on veut, rien ne limite donc le banquier dans le calcul de l'escompte, la loi de 1807 est hors de cause.

Je ne vois rien d'impossible à admettre les deux points de vue, ils comportent la même conclusion. L'escompte consiste à payer comptant, moyennant une certaine retenue, des créances à terme qu'une personne porte sur un tiers. Vous voulez que ce soit un prêt, c'est un prêt : le banquier avance des fonds à celui, souscripteur ou endosseur, qui lui présente le billet; ces fonds lui seront rendus à échéance fixe, avec une augmentation, puisqu'il n'a payé le billet qu'en faisant une retenue; ils lui seront rendus par un autre que l'emprunteur, différence tout à fait accessoire; l'emprunteur reste d'ailleurs garant du remboursement des fonds et des intérêts. Y tenez-vous, ce sera un achat de créance : le banquier acquiert le titre de 1,000 fr., payable dans un an, que vous portiez sur Paul; et comme ce titre, qui vaudra 1,000 fr. dans un an, ne les vaut pas actuellement, vous ne recevez pour la cession que 940 fr. Ressort-il de là que par sa nature l'escompte échappe à la loi de 1807? Ce qui caractérise l'escompte en un cas comme dans l'autre, qu'il constitue un achat de créance ou un prêt, c'est la retenue exercée par le banquier; elle est essentielle. Sur quoi se calcule-t-elle? Sur le temps qui reste à courir, le degré de solvabilité du souscripteur, la valeur de sa signature, sur tout ce qui sert à déterminer le taux de l'intérêt dans un prêt. On achète au prix qu'on veut! Sans doute; mais personne ne sera assez malavisé pour vous céder une créance à moitié prix de sa valeur actuelle; demandez au porteur comment il s'y prend pour déterminer la valeur actuelle, il la connaît aussi bien que le banquier : il vous parlera du temps à courir, etc... La retenue opérée sur la créance, calculée d'après les mêmes éléments que l'intérêt dans le prêt, est un véritable intérêt; je ne sais quel autre caractère on pourrait bien lui assigner, et je conclus qu'une loi *sur le taux de l'intérêt de l'argent*, comme celle de 1807, n'a point d'objet plus spécial et plus direct que l'escompte.

Il va sans dire que les droits de commission ne sont non plus que des intérêts déguisés, fort mal déguisés; que la loi de 1807 est faite tout spécialement pour eux; que la jurisprudence a besoin d'une extrême bonne volonté ou d'un manque bien complet de logique pour refuser de la leur appliquer.

La loi de 1807 est-elle applicable aux prêts de choses fongibles, spécialement de denrées? Il suffit de lire le titre de la loi pour se convaincre que non; il ne parle que de l'intérêt de l'argent, et pourtant l'art. 1905 avait dit : « Il est permis de stipuler des intérêts pour simple prêt, soit d'argent, soit de denrées, ou autres choses mobilières ». Ce qui confirme cette opinion, c'est que dans l'ancien droit les prêts de denrées ont toujours été autorisés à un taux supérieur à celui des constitutions de rentes. Les denrées subissent d'ailleurs dans leur valeur des variations qui les distinguent absolument de l'argent; les prêts de cette espèce ont un caractère aléatoire qui ne permet pas de les soumettre à une limitation légale du taux de l'intérêt.

Pour être complet, ajoutons que « dans les possessions françaises au Nord de l'Afrique, la convention sur le prêt à intérêt fait la loi des parties » (Ord. 7 décembre 1835). La loi de 1807 ne s'applique donc pas en Algérie. L'intérêt légal, à défaut de convention, est de 10 % tant en matière civile qu'en matière de commerce. (Ord. *id.*, art. 2.)

Enfin, il est défendu de stipuler des intérêts d'intérêts, à moins que ceux-ci ne soient échus et dus pour une année entière. (Art. 1154.)

§ 2.

De l'usure, sanction du taux de l'intérêt.

Jamais sanction ne fut plus nécessaire qu'ici, jamais loi ne fut plus exposée à être violée que celle qui s'attaque directement à la cupidité humaine. L'usure eut toujours cent ruses à son service, autrefois pour éluder les lois prohibitives du prêt à intérêt, aujourd'hui pour en éluder le taux. Les *trois contrats*, le *mohatra* n'ont plus de raison d'être aujourd'hui; mais la *vente à réméré*, le *gage*, l'*antichrèse*, etc..., sont des moyens toujours employés.

Et d'abord la vente à réméré. Vous me prêteriez bien 10,000 fr., mais il vous faut des sûretés et vous ne vous contenteriez pas de 5 % : je vous vends mon fonds X pour la somme en question, en me réservant la faculté de le racheter dans deux ans pour une somme supérieure, soit 12,000 fr. Si j'opère le rachat, les 2,000 fr. que je vous paie en plus de votre prix représentent l'intérêt de 10,000 fr. pour deux ans, c'est un intérêt à 10 %; si je ne rachète pas, le fonds vous reste en paiement, et le prêteur avisé n'oublie pas de prendre à réméré un fonds d'une valeur bien supérieure à la somme prêtée. Autre manière : je vous vends mon fonds X 10,000 fr., en me réservant de le racheter dans deux ans pour le même prix, et vous me louez pour 1,000 fr. par an le fonds qui est devenu votre propriété. Si j'opère le rachat, je vous rends votre capital, et je vous ai payé 2,000 fr. à titre de location, c'est-à-dire l'intérêt à 10 %; sinon, le fonds vous reste en paiement et ajoute peut-être de nouveaux intérêts aux 10 % ci-dessus.

Aux deux cas, la vente à réméré constitue un prêt sur gage, contrat sévèrement prohibé par notre législation : l'usure y est à peine déguisée. Le prêteur sur gage avance des fonds en stipulant un intérêt, l'intérêt légal par exemple; mais il se fait remettre un meuble ou un immeuble qui lui restera en paiement, à défaut de remboursement. Le meuble ou l'immeuble est, bien entendu, relativement à la somme prêtée, d'une valeur considérable. Admettre cela serait tolérer ouvertement, sous le nom de gage et d'antichrèse, ce que l'on défend au titre du prêt.

L'escompte, les droits de commission, le change peuvent servir, le plus facilement du monde, à déguiser un prêt et l'usure : ce sont des procédés respectés par la jurisprudence.

Un véritable usurier n'emploiera aucun de ces expédients; voici sa précaution favorite : il retient sur la somme prêtée l'équivalent des intérêts usuraires qu'il veut prélever, exige une reconnaissance de la somme totale, et stipule pour cette somme l'intérêt légal. Il vous donne, par exemple, 950 fr. pour 1,000 fr., exige un billet de 1,000 fr., et vous réclame 50 fr. d'intérêt tous les ans. Comment le découvrir après cela?

On comprend dès maintenant que la preuve de l'usure sera, la plupart du temps, impossible et toujours très-difficile. La loi n'a évidemment pas pu exiger ici une preuve par écrit pour autoriser la preuve testimoniale au-dessus de 150 fr. La violation de la loi est une fraude, un dol; or, aux termes de l'art. 1353, le dol et la fraude font exception à toutes les règles : l'usure peut donc être prouvée par témoins et par présomptions, indépendamment de tout commencement de preuve par écrit. Elle peut être également prouvée contre et outre le contenu aux actes même notariés, sans qu'il soit besoin de recourir à l'inscription de faux, pourvu qu'on n'incrimine pas le notaire et qu'on n'attaque pas l'acte authentique dans son essence. C'est ainsi qu'on pourrait prouver par témoins que les énonciations de l'acte et les faits qui y sont relatés par l'officier public n'étaient qu'un vain simulacre, et qu'une partie des espèces comptées en sa présence a été postérieurement remise par l'emprunteur à son prêteur.

Supposons l'usure établie et prouvée; elle est réprimée par la loi civile et la loi pénale, le taux de l'intérêt reçoit une double sanction.

1° *Sanction civile.*

L'art. 3 de la loi de 1807 porte que : « Lorsqu'il sera prouvé que le prêt conventionnel a été fait à un taux excédant celui qui est fixé par l'art. 1er, le prêteur sera condamné par le tribunal saisi de la contestation à restituer cet excédant, s'il l'a reçu, ou à souffrir la réduction sur le capital de la créance. »

La loi ne prévoit formellement que le cas où des intérêts excessifs ont été payés. Lorsque la convention usuraire n'a reçu aucune exécution, l'emprunteur n'a, en effet, pour l'ordinaire, aucun intérêt à prendre les devants; il peut attendre, et si on lui réclame des intérêts en trop, il opposera une exception tirée de la loi. Mais il pourra agir en réduction du taux de son obligation toutes les fois que son intérêt exigera qu'il agisse immédiatement, toutes les fois, par exemple, qu'un retard l'exposerait à voir disparaître les preuves de la stipulation usuraire qu'il veut attaquer.

Il peut avoir déjà payé des intérêts excessifs : il se les fera restituer ou les fera imputer sur le capital, sans être obligé d'attendre les poursuites du créancier; son obligation sera, pour l'avenir, réduite au taux légal.

Jusqu'ici tout est simple; mais en faisant imputer ou en se faisant restituer ces intérêts excessifs, le débiteur ne peut-il demander les intérêts de ces intérêts? Tout le monde en convient : la violation de la loi ne peut être la source d'un bénéfice. Ce qui divise, c'est la question de savoir à partir de quel moment sont dus ces intérêts.

La doctrine déclare unanimement que ces intérêts sont dus de plein droit du jour où l'indû a été versé : l'obligation sera, pour l'avenir, réduite au taux légal, et le capital sera diminué de l'excédant des intérêts payés et des intérêts de ces intérêts du jour de la perception. Vous m'aviez prêté 1,000 fr. à 10 %, ce n'est qu'au bout de trois ans que j'agis en réduction : d'abord je ne vous devrai plus pour l'avenir que l'intérêt légal; ensuite, comme j'ai payé la première année 50 fr. que je ne vous devais pas et dont vous êtes devenu immédiatement mon débiteur, ma dette s'est trouvée réduite à 950 fr. par compensation. La seconde année, elle se trouve réduite de nouveau de 50 fr., plus l'intérêt des 50 fr. indûment payés l'année précédente, c'est-à-dire que je ne vous dois plus que 897 fr. 50 au commencement de la troisième année, somme que le tribunal saisi diminuera encore des intérêts des 50 fr. versés en trop la seconde année. — Si le capital a été rendu, on ne peut plus procéder à une imputation : le prêteur restituera les intérêts de l'indû depuis le jour des différents paiements qui lui ont été faits. Il était, en effet, de mauvaise foi, ces intérêts doivent courir de plein droit. (Art. 1378.)

La jurisprudence était plus indulgente. « Le prêteur sera condamné par le tribunal à restituer cet excédant ou à souffrir la réduction », il n'est donc constitué débiteur de cet excédant que par le jugement; la dette n'étant pas exigible, n'a pu se compenser, lors de la perception, avec celle de l'emprunteur, et ses intérêts ne peuvent courir que du jour du jugement. Voilà pour le cas d'action en réduction et imputation. Quand l'emprunteur agissait en restitution, la jurisprudence décidait que les intérêts de l'excédant étaient dus seulement à partir de la demande et non pas du jour du paiement. Le titre en vertu duquel le créancier les retenait était valable jusqu'à ce qu'il fût détruit. L'art. 1378 n'a rien à faire ici : il n'y a pas, à proprement parler, de paiement de l'indû, puisque le débiteur, loin de payer par erreur, n'a fait qu'exécuter l'obligation qu'il a contractée.

La loi des 19-27 décembre 1850, dans le but d'aggraver les conséquences de l'usure, a tranché la controverse dans le sens le plus sévère; elle a consacré l'opinion de la doctrine dans son art. 1er : « Les perceptions excessives seront imputées de plein droit, aux époques où elles auront eu lieu, sur les intérêts légaux alors échus et subsidiairement sur le capital de la créance. Si la créance est éteinte en capital et intérêts, le prêteur sera condamné à la restitution des sommes indûment perçues, avec intérêt du jour où elles lui auront été payées. »

L'imputation se fait donc de plein droit depuis la loi de 1850 : l'emprunteur n'agit plus qu'en réduction et en restitution. Ces deux actions sont-elles prescriptibles, et par quel temps?

L'action en restitution n'est pas autre chose qu'une action en répétition de l'indû, et se prescrit comme elle par trente ans, à compter du jour de chaque perception usuraire. — Quant à l'action en réduction, les auteurs ne sont pas d'accord : quelques-uns y voient une action en nullité qui, suivant le principe de l'art. 1304, se prescrit par dix ans; d'autres lui appliquent la prescription de droit commun, en faisant remarquer que le demandeur en réduction cherche non pas à renverser, mais simplement à faire modifier le contrat, que l'ordonnance de 1510 ne lui appliquait pas, par cette raison, la prescription de dix ans. « *Condicens indebitum non dicitur contra pacta venire et conventa, nec petere illa rescindi,* » disait Dumoulin. D'autres pensent avec raison, suivant nous, que cette action est imprescriptible : elle a sa base dans une prohibition d'ordre public contre laquelle on ne saurait prescrire.

2° *Sanction pénale.*

Un simple fait d'usure autorise celui qui en souffre à saisir les tribunaux civils; il ne suffit pas à fonder une poursuite criminelle. Le délit d'usure est un délit complexe qui n'existe que par la réunion de plusieurs actes : l'habitude seule le constitue.

Combien de faits pour constituer l'habitude? Les uns en exigent deux, d'autres trois, d'autres quatre. Il y a ici une question d'appréciation qui doit dépendre des circonstances. Ce qui est certain, c'est qu'il faut au moins deux prêts : la discussion de la loi de 1807, celle de 1850, qui a failli convertir en délit un seul prêt usuraire, ne laissent aucun doute à cet égard; des perceptions usuraires successives en vertu du même prêt ne suffiraient pas. Il n'est pas nécessaire que les prêts soient consentis à des personnes distinctes; deux prêts à la même personne peuvent constituer le délit.

Lorsqu'il n'y a qu'un prêt, mais que le prêt a été renouvelé, doit-on assimiler à des prêts distincts et répétés les renouvellements successifs? La jurisprudence l'affirme, et c'est avec raison. Un prêt renouvelé est un prêt nouveau : l'usurier qui, à l'échéance, laisse son argent à l'emprunteur aux mêmes conditions, agit comme celui qui, après s'être fait rembourser, remet la même somme entre les mains du débiteur qui la lui a rendue, et répète les mêmes stipulations illicites. Décider le contraire serait, d'ailleurs, indiquer aux usuriers le moyen de violer la loi à leur aise et de se moquer de la justice.

Immédiatement après la convention d'usure, et indépendamment de toute perception d'intérêts, le fait défendu par la loi existe, et si ce fait n'est pas isolé, l'usurier peut être déféré à la police correctionnelle.

Les faits, même les plus anciens, peuvent-ils être rapprochés du fait récent pour constituer l'habitude?

On a trouvé ici l'occasion de faire des systèmes. Un délit qui consiste en un fait unique échappe à l'action publique après trois ans : il est prescrit (638, Inst. Cr.). Il n'y avait pas moyen de contester là. Mais si le délit se compose d'une réunion d'actes, comment sera-t-il prescrit? Quel sera le point de départ?

Vous êtes peut-être tenté de répondre : il se prescrira, comme tout délit, par trois ans; la prescription courra du jour où le délit aura existé, aura commencé d'être; il faut une réunion d'actes, l'habitude; eh bien! les juges le sauront, ils examineront et rapprocheront les faits : si l'habitude s'y rencontre, elle aura cessé depuis plus ou moins de trois ans; au premier cas l'action sera prescrite, au second le ministère pourra poursuivre et le tribunal condamner. Oui, voilà ce qui se présente à l'esprit tout d'abord, ce qui saisit avec l'évidence de la raison, la simplicité du vrai : il y a plusieurs actes, mais il n'y a qu'un délit; si le délit existe, c'est dans tous les cas une question de fait à trancher par le juge; il rapprochera pour établir ce point des faits séparés par deux, trois, quatre ans : pensez-vous qu'il ait l'intelligence et le sens du mot habitude, remettez-vous-en à lui; mais de ce que la réunion d'actes de même nature est ici l'un des éléments du délit, n'allez pas conclure que le délit se résolve en ces actes, soit divisible comme eux et se prescrive par morceaux ou par parties. Non, le délit est un tout indivisible; il existe ou il n'existe pas, il n'y a pas de milieu; s'il existe, il se prescrira; s'il n'existe pas, ne me parlez de prescription, ni de trois ans, ni d'un nombre d'années quelconque. Lisez plutôt l'art. 638, Inst. Cr. La Cour de Cassation l'a parfaitement entendu dans ce sens.

Cela semble clair; eh bien! on a pu raisonner de la manière suivante : le délit se prescrit par trois ans, à plus forte raison un élément du délit, les faits d'usure séparés par plus de trois ans, ne pourront donc être réunis pour constituer l'habitude. Voilà un *a fortiori* que je goûte. Supposez alors un fait d'aggravation ou d'atténuation antérieur au délit et s'en détachant parfaitement, vous le ferez prescrire isolément, six mois, par exemple, avant le délit! Car, remarquez, ceci est aussi un élément du délit, ni plus ni moins que les actes dont la réunion forme l'habitude.

Une autre opinion, qui a un fondement aussi solide, consiste à dire que tous les faits constituant l'habitude d'usure doivent avoir été accomplis dans les trois dernières années. Ce système, comme le précédent, donne au mot habitude un sens singulier et tout spécial. Ou le mot a été ainsi défini par la loi, et alors vous avez raison, montrez-nous seulement un texte; ou ce sens particulier n'existe que dans votre système, et vous laissez des habitudes d'usure (je prends le mot dans la signification usuelle, la loi l'a pris ainsi), vous laissez des habitudes d'usure impunies et non prescrites, car il peut s'être écoulé moins de trois ans depuis que l'habitude a cessé, plus de trois ans depuis qu'elle a commencé, et l'habitude, c'est le délit : un délit soustrait à la justice avant d'être prescrit, voilà où vous aboutissez ! — Mais alors, nous reproche-t-on, vous permettez de rapprocher des faits d'usure à trente ans d'intervalle ! Nous nous en sommes déjà remis à l'intelligence du juge pour apprécier s'il y a habitude.

Il est évident que les faits qui ont déjà motivé une condamnation ne peuvent être joints à un fait postérieur et unique pour autoriser une nouvelle poursuite : *Non bis in idem*. Mais depuis la loi de 1850, un seul fait usuraire relevé moins de cinq ans après une condamnation constitue un délit d'usure. (Art. 3.)

L'usure établie, voyons les peines qu'elle encourt. La loi du 3 septembre 1807 distinguait l'usure simple et l'usure compliquée d'escroquerie.

L'usure simple était punie d'une amende qui ne pouvait excéder la moitié des capitaux prêtés à usure (art. 4). Le minimum n'est point fixé. La loi du 27 décembre 1850 a conservé cette disposition dans son art. 2, en y ajoutant un emprisonnement de six jours à six mois. L'amende et l'emprisonnement sont obligatoires, « sera condamné. »

La Cour de Cassation décide que les renouvellements d'un même prêt usuraire sont assimilés à des prêts distincts pour déterminer le *quantum* de l'amende. Celui qui a prêté 10,000 fr. à un taux prohibé, et qui a accordé à son débiteur des délais d'année en année pendant cinq ans, peut être considéré comme ayant prêté 50,000 fr. et encourir une amende de 25,000 fr. (Cass., 31 mars 1837, 23 mars 1838, 26 mai 1855.)

Le jugement doit, sous peine de cassation, indiquer le montant des capitaux prêtés à usure. (Cass., 7 mai 1824.)

L'usure compliquée d'escroquerie était passible, en 1807, de l'amende et d'un emprisonnement de deux ans au maximum. La loi de 1850 a changé ce dernier point en un emprisonnement de un an à cinq ans.

Le terme d'*escroquerie* était, dans la loi de 1807, un terme général comprenant toutes les fraudes pratiquées envers les emprunteurs, notamment l'abus de confiance. Cette signification a été restreinte par le Code Pénal (art. 405) en 1810; cela ne changeait rien à la portée de la loi de 1807. Le législateur de 1850 y a copié le même mot avec la même signification ; on n'en peut douter, vu son intention d'aggraver les peines de l'usure. (Cass., 10 mai 1851.)

En cas de nouveau délit d'usure, porte l'art. 3 de la loi de 1850, le coupable sera puni des peines prononcées par l'article précédent (amende et emprisonnement de six jours à six mois), et elles pourront être élevées jusqu'au double sans préjudice des cas généraux de récidive; c'est-à-dire qu'il sera loisible aux tribunaux de placer le délinquant sous la surveillance de la haute police.

Les tribunaux pourront ordonner, aux frais du délinquant, l'affiche du jugement et son insertion par extrait dans un ou plusieurs journaux du département. (Art. 5.)

Ils pourront appliquer, dans tous les cas, l'art. 463 du Code Pénal sur les circonstances atténuantes. (Art. 6.)

§ 3.

Légitimité du taux de l'intérêt.

Le prêt à intérêt doit-il être libre?

D'abord, pourquoi le commerce d'argent a-t-il été circonscrit et limité, tandis que les autres conventions dépendaient absolument de la volonté des parties? Cette exception m'étonne et j'en demande la cause. Elle vaut, en effet, la peine qu'on s'en rende compte.

L'argent est la marchandise par excellence, parce qu'elle représente et peut procurer toutes les autres : d'où ce caractère particulier qu'elle est d'un besoin continuel et absolu. Je peux me passer de toute autre chose isolément prise, d'argent point. Pour trouver de l'argent, je subirai des nécessités et des conditions qui me révolteraient en tout autre cas : si mon voisin y tient, il peut m'opprimer à son aise; de par sa fortune et mon dénuement, il peut me voler. Le législateur a bien vu cela quand il a permis au vendeur de faire rescinder la vente pour lésion de plus des 7/12. Le contrat de prêt, par cela qu'il porte sur l'argent, met donc les parties dans une situation exceptionnelle; il offre à l'avidité une occasion infaillible de s'exercer. Je sais qu'il vous faut de l'argent, que ce besoin est tellement absolu qu'il vous livre à moi, que vous serez trop heureux d'accepter mes conditions loin de les débattre : est-il sûr que je me modère, que je n'élève pas le prix de mon service au point d'en faire un fardeau et un fléau? C'est malhonnête! Il y a des hommes qui sont malhonnêtes, ils en ont quelquefois de si puissants motifs.

Ces circonstances frappèrent le législateur. La loi humaine, impuissante à atteindre, comme la loi divine, le principe même de la cupidité, ne pouvait que fixer un taux : encore s'honore-t-elle à soutenir ainsi la morale, à préserver le faible dans la mesure de son pouvoir, à réprimer l'abus de la puissance ou des biens.

Voilà pour moi la raison d'être du taux de l'intérêt : il y a une usure oppressive, il doit y avoir une usure illégale, prenant son fondement dans la première et se confondant avec elle. Je sais qu'on ne décrète pas le juste et l'injuste, qu'il ne suffit pas de la volonté de la loi pour rendre malhonnête ce qui était avant légitime et permis : aussi ne demandé je pas à la loi de créer la moralité ou l'immoralité d'un acte ; qu'elle les constate seulement, qu'un taux pris sur la nature des choses soit le point vrai de démarcation, que la moralité soit reconnue et l'immoralité proscrite.

Les partisans de la liberté ne manqueront pas d'opposer à l'abus de la richesse la théorie des lois économiques de l'offre et de la demande. S'il n'y avait qu'un capitaliste, il abuserait de la situation des emprunteurs et règlerait tout seul le prix de l'argent ; mais les possesseurs de fonds sont aussi nombreux que ceux qui en ont besoin, plus nombreux quelquefois ; une concurrence s'établira d'elle-même, fera baisser l'intérêt, lui assurera un cours raisonnable. Celui qui a des capitaux inactifs est envieux de les faire produire, c'est-à-dire de les prêter : si son voisin prête à trois, il ne trouvera pas d'emprunteur à cinq et devra rabattre de ses prétentions. Que devient dès lors la prétendue oppression de la richesse ?

Que l'abus, qui me paraît la seule raison d'être du taux, devienne impossible, je n'éprouverai aucune peine à me prononcer pour la liberté. La faculté d'abuser des emprunteurs varie, j'en conviens, avec les conditions économiques ; autrefois elle fut très-grande ; aujourd'hui elle est bien amoindrie et tend à disparaître. La facilité des communications, une certaine accélération de vie, l'activité commerciale qui se développe, les relations qui s'étendent, tout cela concourt à établir un vaste marché où l'argent sera offert comme les denrées sur la place, et ne sera accepté qu'au cours et par des gens bien informés. Telles sont déjà les conditions du commerce ; il peut être considéré comme mûr pour la liberté. Il n'en est point ainsi, du reste. Les commerçants connaissent la banque et usent trop de l'argent pour pouvoir être facilement trompés sur sa valeur ; mais les autres personnes, un paysan, par exemple, est souvent encore à la merci de son voisin pour les prêts qu'il contracte ; il ne connaît pas les cours, ses habitudes locales lui interdisent la banque, tout au plus va-t-il chez le notaire, et encore il aime mieux son voisin ; ce n'est qu'à celui-ci qu'il veut dévoiler sa position, et celui-ci sait en profiter. La protection du taux reste donc justifiée dans une certaine mesure. Elle deviendra peut-être un jour inutile ; elle ne l'est pas pour le moment. Ce serait anticiper et précipiter les choses que de supprimer le taux de l'intérêt ; ce serait harmoniser la loi et les faits et conserver ce parallélisme parfait qui doit exister entre les deux que de transformer la loi de 1807, de l'élargir et de l'abolir dans la limite où l'usure est devenue impossible.

Beaucoup d'esprits extrêmes n'ont pas le temps d'attendre les évènements ; cette solution à moitié chemin ne les peut contenter. L'humanité est dans une époque de transition, ils veulent qu'elle soit arrivée. Supprimez le taux de l'intérêt ! Empressés qui ne se souviennent pas que toute mesure excess've contient le germe d'une réaction. Mais est-il pour eux une mesure excessive ? Le mot de liberté les transporte tellement que toute loi restrictive leur paraît une espèce de sottise sacrilége. Ils auraient proclamé la liberté de l'intérêt en Grèce, à Rome, dans l'ancienne France, partout. C'est peut-être aller un peu loin. Eh ! comment voudriez-vous que dans un temps où l'homme exploitait l'homme, le patrimoine riche eût respecté le patrimoine pauvre ? Après l'esclavage, ou l'oppression de la force, on pouvait bien craindre l'oppression de la richesse ; à Rome, l'existence des lois restrictives ne fut que trop justifiée.

Justifiée si vous voulez, nous répond-on ; mais le cours de l'intérêt est quelque chose d'essentiellement mobile et capricieux ; il varie à l'infini, avec les temps, les individus, les circonstances les plus arbitraires : assujettirez-vous à des lois fixes ce qui manque absolument de fixité, ce qui est absolument indépendant de votre pouvoir ? Ne vous abusez pas ; les lois ne créent pas des situations, surtout des situations invariables comme elles.

Que la loi ne crée pas des situations, c'est ce que je me disais et ce dont je bénis le ciel ; son rôle se borne à saisir les conditions normales de la vie morale ou matérielle d'un peuple, à les refléter, à les sanctionner temporellement pour ceux à qui la sanction divine ne suffirait pas. Hors de là, elle devient tyrannique et constitue un excès de pouvoir dont elle s'aperçoit bientôt à la résistance des consciences et de l'opinion. Aussi ne disons-nous point que la loi créera le taux de l'intérêt, l'élèvera ou l'abaissera à sa guise ; loin de là, elle observera les conditions économiques du temps et du lieu, tiendra compte de l'abondance des capitaux, de leur puissance de production, de la moyenne des stipulations journalières, et fixera un maximum au-delà duquel commencera l'abus. Les éléments de l'intérêt sont-ils, en effet, si mobiles et si insaisissables? L'offre et la demande tiennent au niveau de la fortune publique, qui doit être connu des économistes. Quant à la question des risques, on en a abusé : un taux élevé s'appellerait une prime d'assurance contre l'insolvabilité de l'emprunteur! C'est confondre : dans l'assurance, si l'*alea* se réalise, la prime et le capital sont définitivement perdus; que l'emprunteur devienne insolvable, il n'en doit pas moins les intérêts à 20 ou 30 et le capital; à défaut des biens qu'il n'a plus, ces obligations pèsent sur son honneur, sur son travail, sur son avenir. Singulière assurance! Non, le seul moyen de s'assurer ici est de regarder à qui l'on a affaire; les prêteurs le font ordinairement, ils le doivent du moins. Une vulgaire prudence et la tranquillité publique défendent d'encourager à s'approcher de cette limite où les chances de remboursement et de perte seraient en équilibre, et où les risques augmentant indéfiniment, le taux augmenterait indéfiniment aussi; or, la liberté absolue favoriserait merveilleusement cette tendance. Une société peut mourir de l'agiot : protégeons le prêt à intérêt et non l'agiot.

Je conclus. Le cours de l'intérêt obéit à une loi; il serait la seule chose qui n'en eût pas : sous des oscillations apparentes, il tend vers un taux uniforme. L'histoire économique l'affirme; et elle n'est point démentie par ce fait, qu'en 1815 il fallut supprimer momentanément le taux de l'intérêt, car enfin, si le cours de l'argent fut désordonné dans des moments où bien d'autres choses le furent, il ne s'ensuit pas qu'il n'a pas de règles. Nous ne demandons point, personne ne demande une loi pour les crises, mais pour les situations ordinaires. Serait-ce trop attendre de l'économie politique que d'espérer la voir dégager et formuler cette loi? Si elle s'y reconnaît impuissante, on aimerait à en entendre l'aveu de sa bouche.

II.

DES RENTES PERPÉTUELLES.

Le Code a considéré la constitution d'une rente comme un prêt spécial où le débiteur, tenu des intérêts, est dispensé de rendre le capital : c'est ce qui lie cette seconde partie à la première.

Une rente, en langage vulgaire, désigne un revenu annuel ; pour les jurisconsultes, c'est le droit d'exiger des prestations périodiques en nature ou en argent. Le titulaire du droit prend le titre de crédi-rentier ; le débi-rentier est celui qui doit les arrérages.

L'obligation de fournir les arrérages et le droit de les exiger, en un mot, la rente, peut s'établir à titre onéreux ou gratuit. Gratuit, je lègue à Pierre une rente de 1,000 fr., qui devra être payée par mes héritiers, ou je m'oblige par donation à lui payer une rente de 1,000 fr.; onéreux, je vous donne 20,000 fr. ou un de mes champs, vous vous obligez en retour à me payer 1,000 fr. chaque année. Les premières, appelées dans l'ancien droit rentes de dons et legs, sont de beaucoup les moins fréquentes ; elles suivent les mêmes règles que les autres depuis la législation intermédiaire ; elles sont en outre soumises aux dispositions concernant les contrats gratuits. Dans les constitutions à titre onéreux, le capital est aliéné ; c'est de l'essence de la rente. On peut, dit l'art. 1909, stipuler un intérêt moyennant un capital que le prêteur s'interdit d'exiger : ce prêt prend le nom de constitution de rente. Dans toute rente le capital est donc inexigible.

Pendant combien de temps seront dus les arrérages? Aux parties à le déterminer. Une rente peut être constituée en perpétuel ou en viager (art. 1910). Au-delà de 99 ans, ou quand elle excède trois vies d'homme, la rente devient perpétuelle ; autrement elle reste viagère. Le contrat qui établit une rente perpétuelle ne limite point ordinairement sa durée ; son nom est dès lors justifié.

La rente constituée en perpétuel est essentiellement rachetable (art. 1911). Le crédi-rentier ne peut jamais exiger le capital, mais le débi-rentier peut toujours le rendre et se libérer ainsi de l'obligation de payer les arrérages à l'avenir ; cela s'appelle racheter la rente. Le débiteur d'une rente perpétuelle peut donc toujours s'en affranchir, comme il peut toujours la garder. Au contraire, le débiteur d'une rente viagère doit la subir jusqu'au bout, sans possibilité de rachat; elle est essentiellement irrachetable et constitue un forfait, trait caractéristique qui distingue les rentes perpétuelles des rentes viagères.

En réunissant ces éléments, nous définirons la rente perpétuelle le droit pour une personne d'exiger le revenu d'un capital dont elle ne peut demander le remboursement, mais que le débiteur peut lui restituer s'il veut se soustraire dans l'avenir au service des arrérages.

Nous étudierons dans trois chapitres la constitution des rentes perpétuelles, leur fonctionnement et leur nature, leur mode d'extinction.

CHAPITRE I.

CONSTITUTION DES RENTES PERPÉTUELLES.

Le mécanisme est simple, nous l'avons déjà vu : une personne donne une somme à une autre, qui s'engage à lui payer tant d'arrérages, et la rente est établie.

Ce contrat a été assimilé à une vente et à un prêt; le Code en parle à propos du prêt : comparons-le à ces deux points de vue.

Qui empêche, d'abord, de regarder la constitution de rente comme une vente? Le crédi-rentier devient l'acheteur, le débiteur le vendeur, la rente l'objet vendu, le capital forme le prix. Une seule différence sépare les deux contrats : le premier est réel et unilatéral, le second est consensuel et synallagmatique. Encore cette différence est-elle toute théorique; il suffit pour la faire disparaître de supposer une vente au comptant, c'est-à-dire où le prix soit payé immédiatement. Pourquoi alors avoir fait de la constitution de rente un contrat distinct des ventes ordinaires? C'est que l'objet acheté et vendu, la rente, est d'une nature spéciale et soumis à des règles spéciales aussi, entre autres à celles du taux.

Si nous comparons le contrat de constitution de rente au prêt à intérêt, il s'en rapproche en tant que contrat réel; les arrérages ne sont non plus que des intérêts et nous allons voir qu'ils sont soumis au même taux. Le trait distinctif des deux contrats consiste en ce que la somme qui produit les intérêts dans le prêt n'est aliénée que temporairement et deviendra cer-

tainement remboursable un jour, au lieu que le capital qui donne naissance aux arrérages dans la rente est aliéné définitivement en ce qui concerne le crédi-rentier, il est perdu pour lui.

Le prêt offre donc incomparablement plus d'avantages que la rente;
c'est même à se demander comment celle-ci existe. Si je vous prête
20,000 fr. à 5 %, je recevrai 1,000 fr. chaque année, et un jour je recou-
vrerai mon capital; si je vous achète une rente moyennant 20,000 fr., je
recevrai 1,000 fr. chaque année, et mon capital sera perdu pour peu que
vous vouliez le garder! Mais je suis bien simple, ce semble, si je ne prête
pas! Comment donc y a-t-il des rentes perpétuelles?

Autrefois, les rentes perpétuelles étaient très-fréquentes, elles rempla-
çaient le prêt à intérêt, qui est un contrat nécessaire et qui était prohibé.
Le prêteur ordinaire, disait-on, ne met rien dans le patrimoine de l'emprunteur, puisqu'il pourra exiger que son capital lui soit rendu; pourquoi
donc exigerait-il un prix, des intérêts! Dans une rente, au contraire, où le
capital est aliéné, *donné* au débiteur des arrérages, mis définitivement dans
son patrimoine, le prix exigé, les arrérages ont une cause et sont légi-
times. La vérité est que si le rentier cède la propriété de son capital, le
prêteur cède l'usage du sien, et peut sans vol le faire payer : ce ne fut pas
admis. Les rentes perpétuelles étaient la seule issue ouverte aux capitaux,
ils se précipitèrent par là dans la circulation : circulation bien défectueuse
à la vérité.

Aujourd'hui que le prêt à intérêt est devenu légitime, les rentes entre
particuliers n'existent presque plus. Mais il y a une catégorie de rentes
perpétuelles fort connues et fort courues, les rentes sur l'État. C'est ici
qu'il faut considérer le contrat de rente comme une vente : on achète pour
50, 60, 80 fr. une rente de 3, de 4, de 5. Ces rentes ont l'immense avan-
tage d'être négociables; le crédi-rentier, qui ne peut exiger son capital de
l'État, peut le recouvrer en vendant son titre au cours de la Bourse par
l'intermédiaire des agents de change : ainsi disparait l'inconvénient de
l'inexigibilité.

Cette inexigibilité, qui rend aujourd'hui les rentes perpétuelles si rares,
ne les différencie pas tellement du prêt à intérêt qu'elles n'en restent une
variante; car enfin si le débi-rentier n'est jamais obligé de restituer le capital qu'un emprunteur doit rendre à jour fixé, il ne le garde pourtant
qu'à condition d'en payer toujours les arrérages, c'est-à-dire que pouvant
toujours garder l'argent il en doit toujours les intérêts, de telle sorte qu'on

peut assimiler la rente perpétuelle à un prêt dont le remboursement serait laissé à la discrétion du débiteur. Aussi les arrérages sont-ils assujettis à un taux comme les intérêts dans le prêt. Ce qu'il y a de curieux, c'est qu'ils étaient aussi limités dans l'ancien droit; au-delà d'un certain chiffre ils constituaient une usure; or, point d'usure sans prêt : il fallait de l'inconséquence pour défendre le prêt à intérêt et permettre les constitutions de rente en les y assimilant tacitement! Par bonheur, l'erreur n'est jamais logique.

Le taux des rentes a varié. Avant 1597, il était au denier dix (10 °/₀); il fut successivement réduit, par édit de mars 1597, au denier douze (8 1/3 °/₀); par édit de juillet 1601, au denier seize (6 1/4 °/₀); par édit de 1634, au denier dix-huit (5 5/9 °/₀); par édit de décembre 1665, au denier vingt (5 °/₀); par édit de 1720, au denier cinquante (2 °/₀); par édit de juin 1724, au denier trente (3 1/3 °/₀); par édit de juin 1725, au denier vingt (5 °/₀). C'est le taux actuel.

Les rentes foncières, c'est-à-dire créées moyennant l'aliénation d'un immeuble, sont dispensées du taux.

Les rentes sur l'État sont également dispensées du taux et peuvent être créées à 7, 8, 10 °/₀.

Toute rente excessive serait réductible, comme s'il s'agissait d'un prêt. L'usure entraînerait d'ailleurs ici les mêmes conséquences que dans le prêt.

Une rente en denrées constituée pour un capital en argent devrait être évaluée d'après les mercuriales et soumise au taux.

CHAPITRE II.

FONCTIONNEMENT DE LA RENTE, SA NATURE.

1° *Fonctionnement de la rente.*

La rente constituée, naît l'obligation pour le débi-rentier de servir les arrérages. Leur mode de prestation varie. Ils sont ordinairement payés en un terme échéant chaque année.

Comme tous les paiements ordinaires, ils sont quérables et non portables, à moins de stipulation contraire.

En tous les cas, ils s'acquièrent jour par jour, et, à la différence des intérêts d'un capital prêté, ils peuvent produire intérêt aussitôt qu'ils sont échus, encore qu'ils soient dus pour moins d'un an (art. 1155). Une convention, par exemple, d'après laquelle les arrérages qui ne seraient pas payés tous les six mois porteraient intérêt, serait parfaitement valable. Et une pareille convention ne pourrait être incriminée d'usure, n'augmentant point les intérêts du capital primitif, mais exigeant des intérêts d'un capital nouveau.

La prestation des arrérages est divisible; ils pourraient être payés par partie, au cas où le débi-rentier aurait plusieurs héritiers qui se seraient partagé la rente.

Enfin les arrérages se prescrivent par cinq ans (art. 2277). Le débiteur peut refuser toute prestation dont l'échéance remonte à plus de cinq années.

Voilà la rente définie, établie et fonctionnant; demandons-nous quelle est sa nature.

2° *Nature de la rente; y a-t-il encore des rentes foncières?*

La rente est un droit mobilier (art. 529, C. Civ.) et personnel dans tous les cas : elle aboutit à une créance d'arrérages, qui est essentiellement meuble; elle ne porte point sur une chose, mais est due par la personne du débi-rentier.

Cette législation est nouvelle : autrefois toutes les rentes perpétuelles constituaient des immeubles. Il y avait d'ailleurs deux sortes de rentes perpétuelles : la rente constituée et la rente foncière. La rente constituée avait pour origine le contrat de constitution de rente; ce qui le caractérisait, c'est que le capital abandonné par le crédi-rentier consistait en argent ou en meubles. La rente foncière dérivait du contrat de bail à rente, était nécessairement consentie moyennant la cession d'un immeuble, formait un droit retenu sur cet immeuble et faisant corps avec lui : c'était comme une partie de la propriété qui était exceptée de l'aliénation totale et que le cédant se réservait pour l'abandon du reste.

Ces deux rentes différaient profondément. La première, la plus fréquente parce qu'elle remplaçait le prêt à intérêt, s'analysait en un droit personnel, essentiellement rachetable, immobilier dans presque toutes les coutumes.

Singulier droit immobilier, constitué moyennant l'aliénation d'un meuble
et aboutissant à un meuble! M. Troplong en donne pour raison que le
capital inexigible et inaltérable ressemblait à un fonds de terre dont la
perception des fruits n'entame point l'intégrité. Les anciens jurisconsultes
voyaient dans ces rentes une propriété importante, fixe et à peu près
exempte de tout déplacement comme celle des immeubles : en cela ils
n'avaient pas tout à fait tort. La seconde, la rente foncière, était un droit
réel, irrachetable, immobilier : immobilier, ce n'est plus étonnant, il fait
corps avec un fonds; irrachetable, le débi-rentier ne pouvait, sauf dans le
cas où la rente portait sur les maisons des villes et faubourgs, se soustraire
au service des arrérages en offrant l'immeuble aliéné ou un prix représen-
tatif; réel, le droit ne portait plus sur la personne du débi-rentier et de
ses héritiers, mais sur l'immeuble même, il le suivait et s'imposait à tout
détenteur; par contre, le possesseur de l'immeuble, fût-ce le débi-rentier
primitif, pouvait se libérer du service de la rente en déguerpissant, c'est-
à-dire en abandonnant le fonds y affecté. Enfin, dernière différence entre
les rentes foncières et constituées : les arrérages de celles-là, représentatifs
des fruits de l'immeuble grevé, n'étaient point usuraires et ne subissaient
point de taux; ils ne se prescrivaient en outre que par trente ans, et même
quarante au cas d'hypothèque : nous avons vu que les rentes constituées
ne pouvaient dépasser 5 %, et la prescription de cinq ans existait déjà
pour leurs arrérages.

La Révolution devait modifier cette législation. Les lois du 4 août 1789
et du 18 décembre 1790 déclarèrent rachetables toutes les rentes foncières,
défendirent d'en créer à l'avenir de non remboursables. La dernière loi
déterminait les conditions du rachat : celles créées rachetables se rem-
boursaient d'après le capital porté au contrat, les autres sur le pied du
denier vingt quand elles étaient en argent, du denier vingt-cinq de leur
produit annuel si elles étaient en nature, plus 1/10 aux deux cas si la rente
était créée sans retenue d'imposition. Une loi du 20 août 1792 étendait la
prescription de cinq ans aux arrérages des rentes foncières.

Tout cela ne leur faisait pas perdre leur caractère d'immeuble et de
droit réel; bien que rachetables, elles continuaient à être dues par la
chose et non par la personne, elles restaient immobilières comme les
rentes constituées. La loi du 11 brumaire an VII déclara bien qu'elles ne
pourraient plus être hypothéquées, ce qui était les regarder comme des

meubles ; mais il fallait, pour leur assigner définitivement cette nature, une mesure générale et formelle. L'art. 529 fut cette mesure : « Sont meubles par la détermination de la loi les rentes perpétuelles et viagères, tant sur l'État que sur les particuliers ». Toutes les rentes perpétuelles restèrent également rachetables (art. 530), comme la législation intermédiaire l'avait établi.

Que deviennent dès lors les rentes foncières? Il semble qu'on n'en parlera plus. Elles étaient inhérentes au fonds, et comme telles immobilières et irrachetables ; les voilà meubles, rachetables, abstraites du fonds et portant désormais sur la personne du débi-rentier, en un mot droit personnel.

Les rentes foncières subsistent cependant ; le contrat de bail à rente est toujours possible. S'il vous plaît, vous êtes libre de céder votre fonds à votre voisin et d'exiger en retour qu'il vous serve une rente, la rente étant le prix de l'aliénation de l'immeuble même, non d'un capital en argent représentant le prix ; vous pouvez encore donner votre fonds en stipulant une rente comme charge de la donation ; vous pouvez enfin le vendre pour un prix consistant moitié en argent, moitié en une rente de..... De tout cela il sortira une rente foncière, meuble, rachetable, dette personnelle du débiteur et de ses héritiers, ni plus ni moins qu'une rente constituée, mais se séparant de celle-ci en ce qui concerne le taux, le rachat, la résolution pour inexécution des conventions, et en ce qu'elle donne naissance à un privilége semblable au privilége du vendeur, puisqu'elle constitue le prix de vente d'un immeuble : de sorte que si l'immeuble vient à être vendu par le débi-rentier, il reste aux mains du détenteur affecté de ce privilége en cas de non-paiement de la rente.

CHAPITRE III.

MODES D'EXTINCTION DES RENTES PERPÉTUELLES.

Les uns sont spéciaux aux rentes, les autres communs à toutes les obligations.

§ 1er.

Modes d'extinction communs à toutes les obligations.

Ce sont la confusion, la remise, la novation, la compensation, la prescription, etc... Il suffit de les nommer.

Disons pourtant que la compensation, exigeant pour se produire deux
dettes exigibles, s'opèrera bien de plein droit avec les arrérages qui rem-
plissent cette condition, mais non avec le capital de la rente, qui n'est pas
exigible du tout; il n'y aura compensation ici que si le débi-rentier y
consent.

Parlons aussi de la prescription pour expliquer l'art. 2263. Toutes les
actions se prescrivent par trente ans (art. 2262); un droit resté inactif
pendant trente ans est perdu, prescrit. Mais percevoir les arrérages, c'est
faire valoir son droit, et ce fait, écartant toute prescription, conserve au
titre du créancier la même valeur que s'il venait d'être créé à l'instant.
Cependant l'art. 2263 semble oublier cette circonstance : il regarde le
titre comme usé dans tous les cas et permet d'en exiger un autre après
vingt-huit ans!

Cela s'explique. Le paiement des arrérages interrompt la prescription,
mais encore faut-il le prouver. Comment faire cette preuve? Le seul acte
qui fasse foi des paiements, les quittances, sont aux mains du débi-rentier,
qui peut les détruire; il dépendra donc de lui d'avoir prescrit ou non.
L'art. 2263 a pour but de remédier à cette situation intolérable qui livrait
le créancier à son débiteur : « Après vingt-huit ans de la date du dernier
titre, le débiteur d'une rente peut être contraint à fournir, à ses frais, un
titre nouvel à son créancier ou à ses ayant-cause ». Si votre débiteur se
refuse à vous donner un titre, assignez-le en reconnaissance de la rente,
le jugement qui la constatera vous servira de titre nouveau.

Cet article, qui mettait fin à une difficulté, en fit naître une autre. Les
vingt-huit ans courent de la date du dernier titre; dès lors, en ce qui
concerne la prescription même, les trente ans courront-ils de la date du titre
ou de l'échéance de la première annuité? Au Conseil d'État, il fut question
de fixer vingt-neuf ans au lieu de vingt-huit : un an suffisait, dit-on, pour
obtenir un titre récognitif. La proposition ne passa pas, deux ans ne pa-

rurent pas trop pour l'obtention du titre : ce qui implique que dans la pensée du législateur la rente devait se prescrire par trente ans à partir du contrat même. Cette manière de calculer a été adoptée.

C'est, je crois, tenir beaucoup compte de l'intention des législateurs. Que cette intention guide dans l'interprétation d'un texte douteux, rien de plus raisonnable, elle éclaire alors et précise la loi, n'est point loi elle-même ; hors de là elle reste intention, impuissante à devenir loi. Or, l'art. 2263 en lui-même ne donne lieu à aucune difficulté d'interprétation. En le discutant, les rédacteurs du Code ont laissé voir que s'ils avaient déterminé le point de départ de la prescription libératoire d'une rente, ils l'auraient fixé au jour de la naissance du titre. C'était une erreur en droit pur, la prescription d'une action ne devant courir que du jour où cette action a pu s'exercer, ici du jour de la première échéance. Je respecte une erreur inscrite dans la loi, toute autre n'a aucun droit à ma soumission : je me réjouis que celle-ci n'y ait point paru et soit heureusement mort-née. Tous peuvent la tenir pour nulle et non-avenue, et en l'absence de texte s'en référer au droit commun.

§ 2.

Modes d'extinction spéciaux aux rentes.

Ces modes sont le rachat et la résolution forcée du contrat.

1° *Du rachat.*

Quand il constitue la rente, le débi-rentier l'aliène de son patrimoine, il la vend ; s'il restitue le capital pour ne plus payer d'arrérages, il *rachète* la rente qu'il avait vendue.

La faculté de rachat est de l'essence des rentes perpétuelles et ne tombe jamais en péremption. Toute clause serait impuissante à la faire disparaître. La loi a seulement permis de la retarder : les parties peuvent s'interdire le rachat pendant dix ans, s'il s'agit d'une rente constituée (art. 1911) ; pendant trente ans, s'il s'agit d'une rente foncière (art. 530).

6

Elles peuvent également stipuler que le débiteur ne pourra racheter sans avoir averti le créancier tant de temps d'avance; bien entendu, ce temps ne pourrait dépasser dix ans ou trente ans. Une clause excessive serait réductible à ce nombre d'années. (Arg. anal. 1660.)

Le rachat d'une rente constituée ne peut se faire qu'au taux légal, 5 %. Le rachat d'une rente foncière n'est soumis à aucune limitation de taux; le créancier peut en régler les clauses et conditions (art. 530), fixer à 100,000 fr. le prix d'une rente de 2,000 fr. : la rente foncière n'est point un prêt, mais une aliénation d'immeubles; il ne saurait être question de taux dans une vente.

Ordinairement, le rachat d'une rente foncière sera prévu et réglé par les parties; s'il ne l'était pas, sur quel pied se fera-t-il? Proudhon renvoie pour cette évaluation au décret du 18 décembre 1790; il a été jugé qu'il suffit que le débiteur offre de rembourser un capital égal à vingt fois le produit de la rente (Poitiers, 27 avr. 1831) : c'est un remboursement sur le pied du denier vingt.

L'État a-t-il la faculté imprescriptible de racheter les rentes du grand-livre? Pour la lui refuser, on dit que l'État n'est pas un débiteur ordinaire : il ne peut être contraint au remboursement quand il ne paie pas les arrérages, et la rente n'a pas, à proprement parler, de capital; ce qui est dû, c'est 5 fr., 20 fr., 100 fr.; le capital est variable, inconnu. Puis la rente sur l'État est le remorqueur de toutes les valeurs; or, le rachat arrêtera son essor; l'État, évidemment, ne remboursera jamais que quand la rente atteindra le pair. — Les partisans de l'opinion contraire répondent que l'État est parfaitement un débiteur ordinaire, que les rentes sur l'État ressemblent absolument, au fond, aux rentes entre particuliers : elles ont un capital, 100 fr. habituellement, fixé exprès, en prévision du remboursement. Les prêteurs ont compté sur l'élasticité des fonds; mais l'État n'a point promis de se ruiner pour faire monter les fonds, et il se ruinerait sûrement, s'il ne pouvait jamais rembourser : une banqueroute arrêterait l'essor de la rente et de toutes les valeurs autrement que le rachat, et les prêteurs y trouveraient encore moins leur compte. Quand ils sont remboursés, ils reçoivent plus qu'ils n'ont donné; ils ont mauvaise grâce à se plaindre.

2° *Résolution forcée du contrat.*

Le contrat de rente se résout dans certains cas, et c'est justice. Le rentier a au moins le même titre à reprendre son capital que le vendeur l'objet vendu pour inexécution des obligations de son contractant; pouvait-on d'ailleurs imposer de respecter une convention au profit de celui qui la viole le premier? En vertu de ce principe, le capital d'une rente perpétuelle devient exigible si le débiteur cesse de remplir ses obligations pendant deux ans, s'il manque à fournir les sûretés promises, s'il vient à tomber en faillite ou déconfiture. (Art. 1912, 1913.)

A. — Non-paiement des arrérages pendant deux ans.

S'il cesse de remplir ses obligations pendant deux ans, dit l'art. 1912 : est-ce à dire qu'il devra s'écouler deux ans depuis l'échéance de la première annuité ou que la résolution s'opèrera le lendemain de la seconde annuité non payée? Si une rente constituée le 1ᵉʳ janvier 1872 produit 2,000 fr. d'arrérages le 1ᵉʳ janvier 1873, et 2,000 fr. le 1ᵉʳ janvier 1874, le créancier agira-t-il, au cas de non paiement, le 2 janvier 1874, ou seulement le 2 janvier 1875? L'opinion générale est que la résolution s'opèrera le lendemain de la seconde annuité non payée, le 2 janvier 1874.

Faut-il pour qu'il y ait non paiement une sommation de la part du créancier, ou si le terme, par sa seule force, constitue mise en demeure et met le débiteur en faute aux termes de la loi? Les uns n'exigent jamais de sommation; d'autres l'exigent quand les arrérages sont quérables; une troisième opinion, qui me paraît la vraie, l'exige dans tous les cas. Un débiteur n'est constitué légalement en faute que par une mise en demeure (art. 1139); une convention même que le contrat sera résolu de plein droit ne dispense pas de faire sommation, il faut stipuler que le contrat sera résolu de plein droit et sans sommation. Le terme n'opère donc mise en demeure que si les parties, à défaut de la loi, l'ont formellement stipulé; ce n'est pas le cas ici.

Mais la sommation faite et le non paiement existant légalement, la résolution a-t-elle lieu de plein droit, ou s'il faut s'adresser à la justice pour qu'un jugement la crée, le tribunal restant ainsi libre de la retarder ou de la prononcer immédiatement? Tous conviennent que la résolution a lieu de plein droit. Quand la loi prescrit-elle de s'adresser à la justice? Au cas d'une convention synallagmatique et d'une condition résolutoire tacite (art. 1184). Le contrat de rente est unilatéral, et la condition résolutoire est exprimée dans la loi, ce qui vaut bien d'être exprimée dans une convention.

Ainsi, la résolution s'opèrera de plein droit après sommation le lendemain de la seconde échéance. Solution juste pour les rentes constituées; mais s'applique-t-elle aux rentes établies moyennant l'aliénation d'un immeuble, et aux rentes de dons et legs?

Pour les rentes foncières, il faut répondre négativement; la jurisprudence est formelle en ce sens : il suffit d'un terme non payé pour donner lieu à la résolution du contrat. Nous avons déjà assimilé le contrat de rente foncière à une vente d'immeubles dont le prix consiste dans la rente : manque d'un terme, le prix n'est pas payé, la vente peut se résoudre. (Art. 1654.)

La question souffre plus de difficulté pour les rentes constituées gratuitement. Il a été soutenu et jugé (Cass., 12 juillet 1813) que le débi-rentier donateur, manquant de payer les arrérages pendant deux ans, donnait lieu à faire résoudre le contrat. L'art. 1912 est formel et ne distingue pas; et puisque ces sortes de rentes sont rachetables, rien ne s'oppose à ce qu'elles soient résolues. M. Troplong répond à cela que le rachat est permis dans l'intérêt du débi-rentier, c'est-à-dire du donateur, et ne doit pas être tourné contre lui; que d'ailleurs, si le créancier à titre onéreux ayant livré son argent pour la rente doit pouvoir reprendre celui-là à défaut de celle-ci, le créancier à titre gratuit n'a pas la même raison d'exiger un capital qu'il n'a point fourni; qu'enfin permettre la résolution serait permettre au donateur de donner et de retenir.

B. — Inaccomplissement des sûretés promises.

Les sûretés ne vous sont pas fournies, votre créance d'arrérages court risque de devenir un vain titre : reprenez votre capital. La diminution des sûretés accordées équivaut au refus de les établir.

La diminution arrivée par cas fortuit, incendie, inondation, etc., ne constituerait pas une cause de résolution. Le créancier pourrait seulement exiger d'autres sûretés équivalentes, et faire résoudre en cas de refus ou d'impossibilité.

Ce cas de résolution s'applique-t-il aux rentes gratuites? Le motif de douter est dans ces mots de l'art. 1912 : s'il a manqué de fournir *au préteur*. Ajoutez que le donateur aurait pu ne pas donner ou promettre de sûretés; que ces sûretés, enfin, n'étant point la loi ou la cause du contrat, ne devraient pas entraîner une solution si rigoureuse. Toutefois, si le non-accomplissement des sûretés promises est le fait de l'héritier grevé de la rente, la résolution s'appliquerait rigoureusement. Elle s'appliquerait encore si la donation de la rente avait été faite avec charge ou par contrat de mariage.

C. — Faillite ou déconfiture du débi-rentier.

A ce point des choses, le créancier de la rente est sûr d'avoir tout perdu, sauf ce qu'il pourra retirer de son capital engagé. Qu'il en sauve donc ce qu'il pourra.

QUESTIONS CONTROVERSÉES.

Droit Romain.

1° Les risques sont pour l'acheteur, en principe.

2° Le possesseur de bonne foi acquiert les fruits *lege*.

Droit Français.

1° Peut-on employer la contrainte personnelle pour faire rentrer la femme au domicile conjugal? — Oui.

2° Le propriétaire qui a acquis par la prescription le droit d'avoir des arbres à une distance moindre que la distance légale, a-t-il le droit de les remplacer indéfiniment? — Non.

3° Les ventes d'immeubles, consenties par l'héritier apparent, sont nulles dans tous les cas.

4° La révocation d'un testament, consignée dans un acte qui réunit toutes les formes du testament olographe, est valable, bien que cet acte ne renferme aucun legs.

5° La femme acceptante n'a aucun privilége ou hypothèque sur les biens communs pour l'exercice de ses reprises.

6° La société d'acquêts combinée avec le régime dotal n'empiète jamais sur celui-ci : ainsi, que la femme accepte ou renonce, l'art. 1571 s'applique toujours pour le règlement des fruits dotaux.

Droit Commercial.

Quand la lettre de change n'a pas été acceptée, il n'y a pas de droit spécial sur la provision, en faveur du porteur, à l'égard des autres créanciers du tireur failli avant l'échéance.

Droit Administratif.

La rente sur l'État pourrait-elle être grevée d'un impôt?

Procédure.

Quelle est au juste la mission du tribunal français qui doit déclarer exécutoires les jugements rendus à l'étranger? — Il doit seulement vérifier si ces jugements ne violent pas les principes d'ordre public reconnus en France.

Droit Pénal.

Les trois ans de la prescription, au cas de délit collectif, c'est-à-dire dont l'existence implique la répétition des mêmes actes, ne courent qu'à partir du dernier fait.

Tinténiac, 15 octobre 1874.

E. ARTUR.

Vu pour l'impression,
Le Doyen, Ed. BODIN.

Rennes. — Imp. Ch. Catel.